TRAITÉ

DE LA

CONSTRUCTION DES THÉATRES

OUVRAGE CONTENANT

TOUTES LES·OBSERVATIONS PRATIQUES

SUR CETTE PARTIE DE L'ARCHITECTURE

PAR

ALBERT CAVOS

Chevalier de l'ordre de Saint-Stanislas, 3ᵉ classe ; docteur ès-sciences de l'Université de Padoue ; architecte employé au
service de Sa Majesté l'Empereur de toutes les Russies.

Atlas

PARIS

LIBRAIRIE SCIENTIFIQUE-INDUSTRIELLE
DE **L. MATHIAS** (AUGUSTIN)
15, QUAI MALAQUAIS

SAINT-PÉTERSBOURG

J. HAUER ET Cⁱᵉ, LIBRAIRES-COMMISSIONNAIRES
DE LA BIBLIOTHÉQUE IMPÉRIALE

1847

ATLAS

DU

TRAITÉ

DE LA

CONSTRUCTION DES THÉATRES

PAR

ALBERT CAVOS

Chevalier de l'ordre de Saint-Stanislas, 9° classe ; docteur ès-sciences de l'Université de Padoue ;
architecte employé au service de Sa Majesté l'Empereur de toutes les Russies.

EXPLICATION DES PLANCHES

GRAND THÉATRE DE SAINT-PÉTERSBOURG.

1. Grand vestibule.
2. Escaliers du public.
3. Corridors.
4. Parterre.
5. Entrées de côté.
6. Bureaux.
7. Corps-de-garde.
8. Atelier des menuisiers.

9. Buffet.
10. Loge du général-gouverneur.
11. Loge de S. M. l'Empereur.
12. Avant-loge.
13. Escalier particulier de S. M.
14. Entrée particulière de S. M.
15. Loge du directeur des Théâtres.
16. Avant-loge.

EXPLICATION DES PLANCHES.

THÉATRE DE KAMÉNNOÏ OSTROW

A SAINT-PÉTERSBOURG.

FIN DE L'EXPLICATION DES PLANCHES.

Imprimerie de GUSTAVE GRATIOT, 11, rue de la Monnaie.

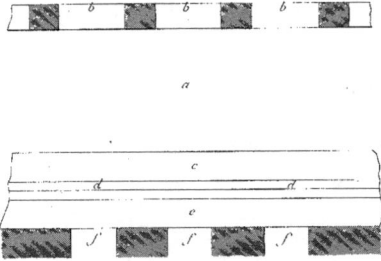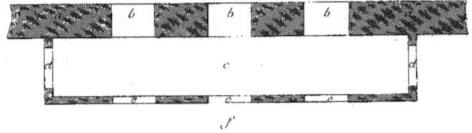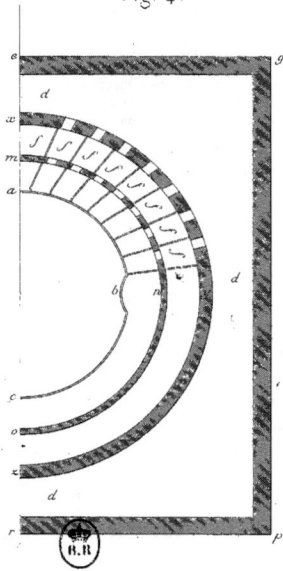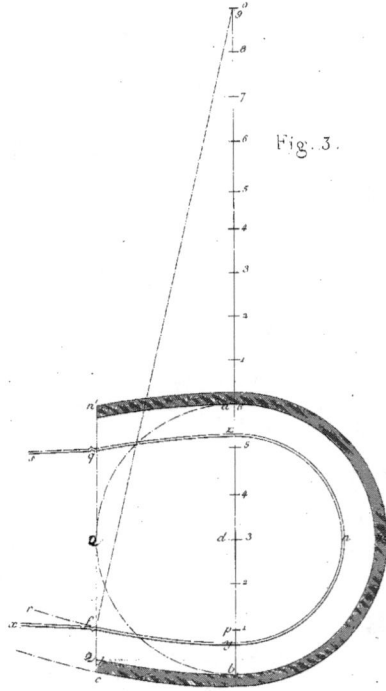

Fig. 1.

Fig. 2.

Fig. 4.

Fig. 3.

Echelles des figures 1 et 2.

5 Sagènes

10 Mètres.

Echelles des figures 3 et 4.

10 Sagènes.

20 Mètres.

Ditto sculp.

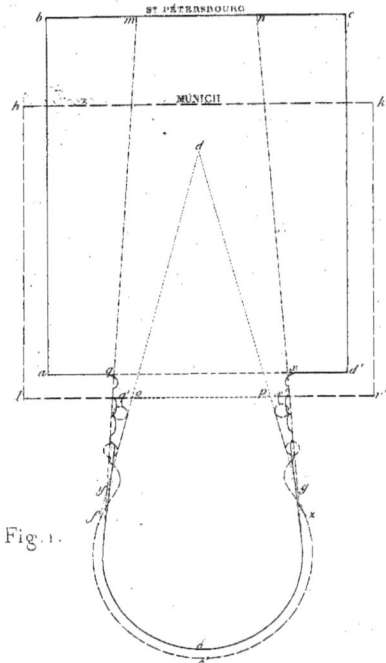

Fig. 1.

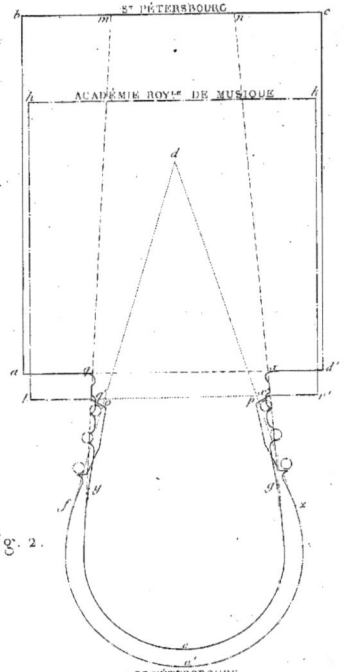

Fig. 2.

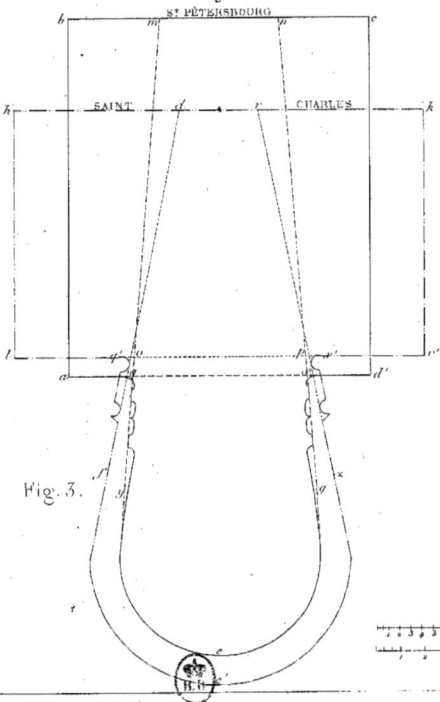

Fig. 3.

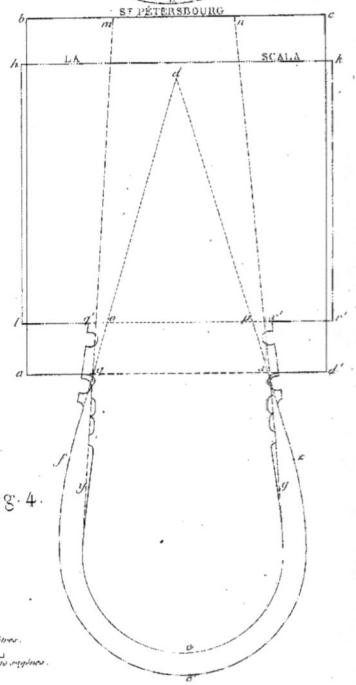

Fig. 4.

Dulos sculp.

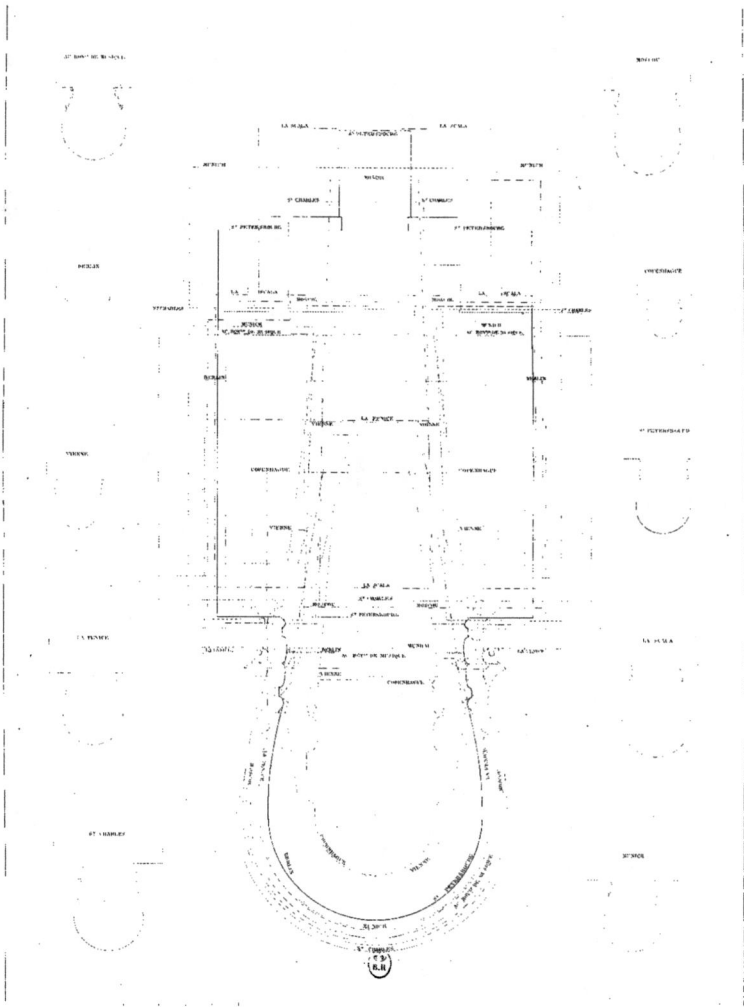

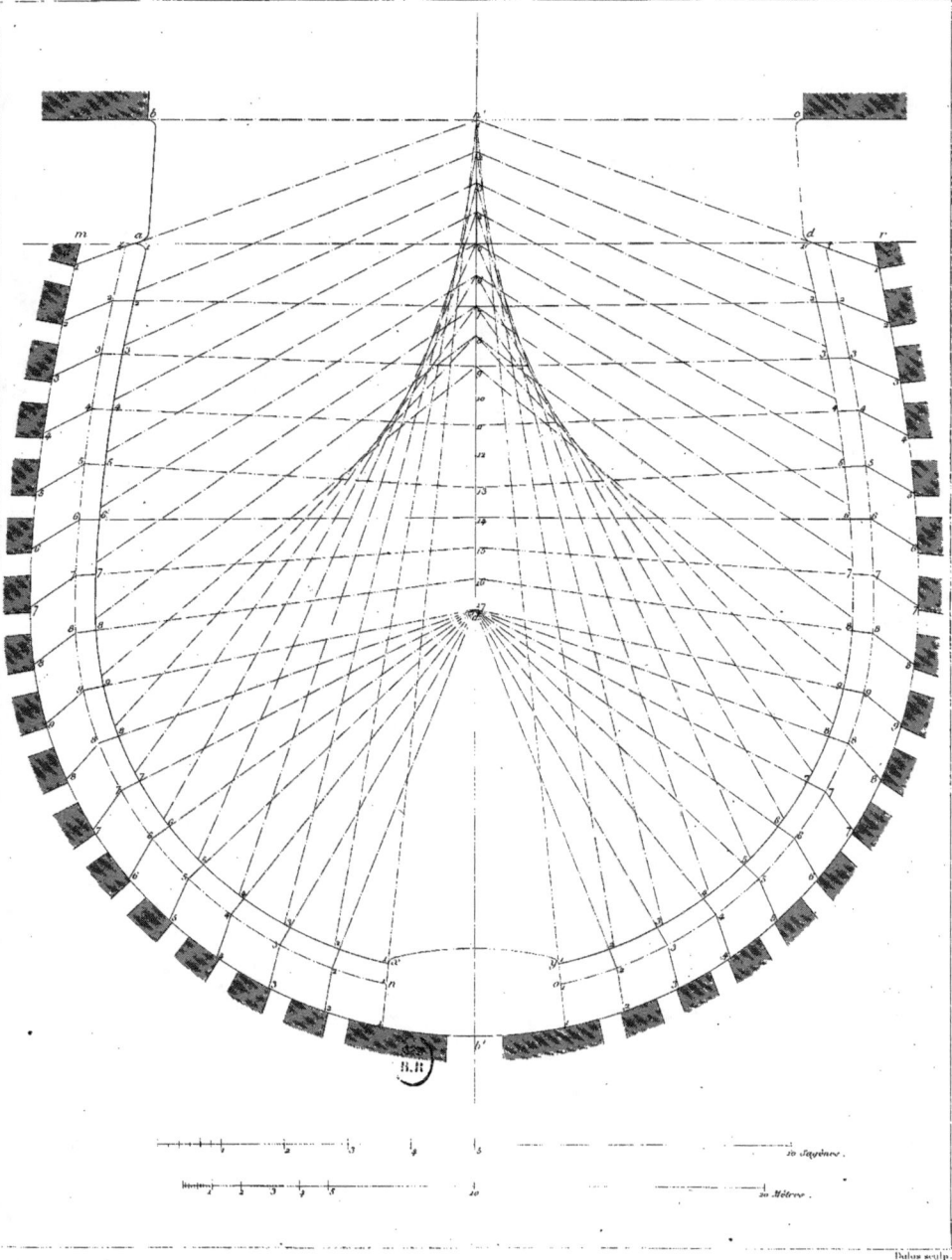

Fig. 1.

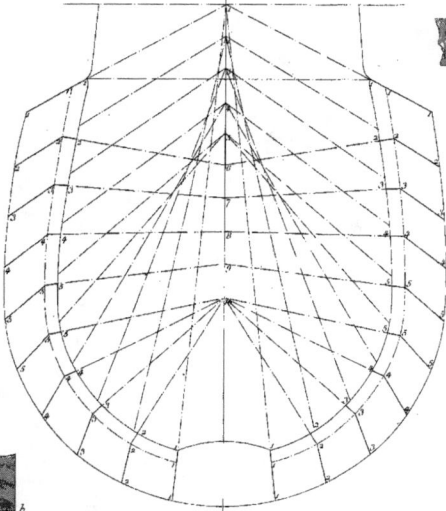

Fig. 3.

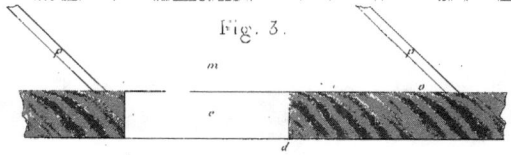

Fig. 4.

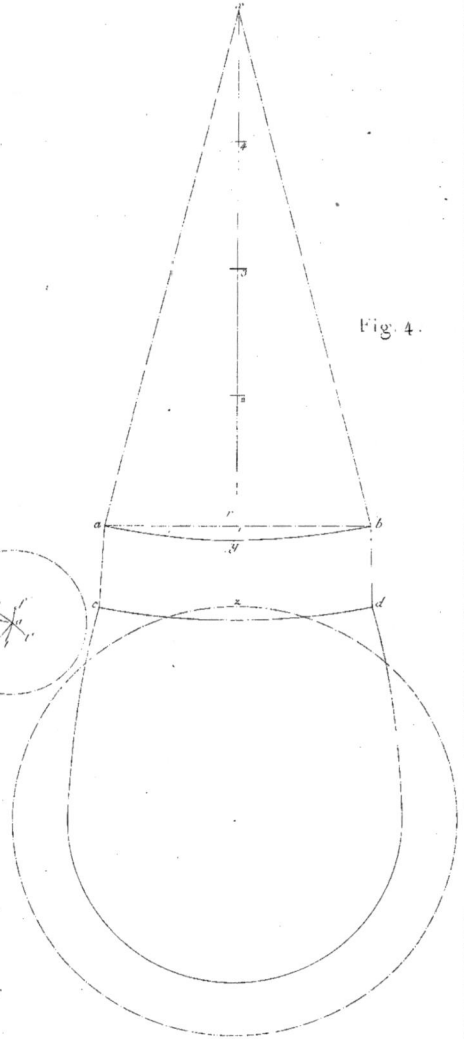

Fig. 2.

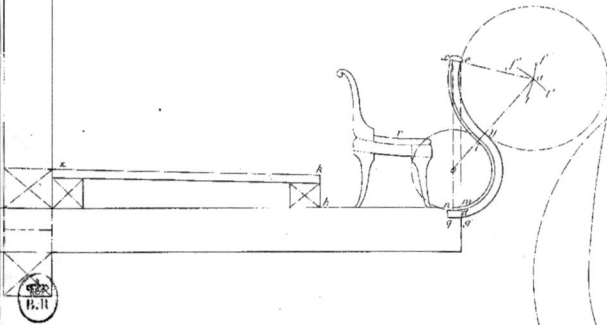

Echelles des figures 1 et 4.

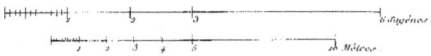

Echelles des figures 2 et 3.

Dulos sculp.

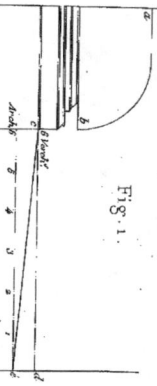

Fig. 1.

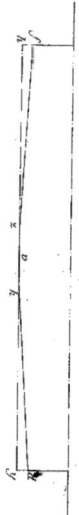

Fig. 3.

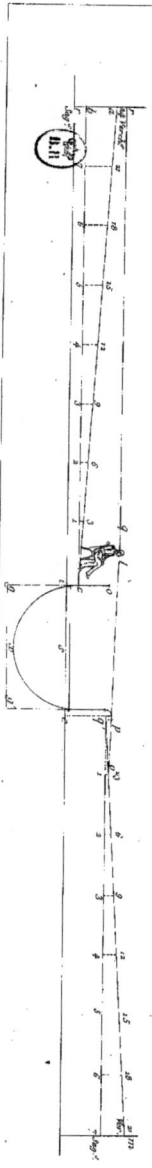

Fig. 4.

Fig. 2.

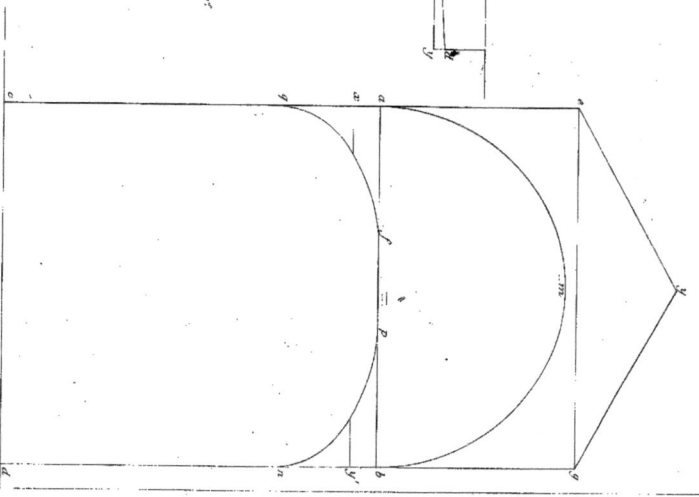

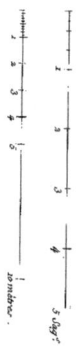

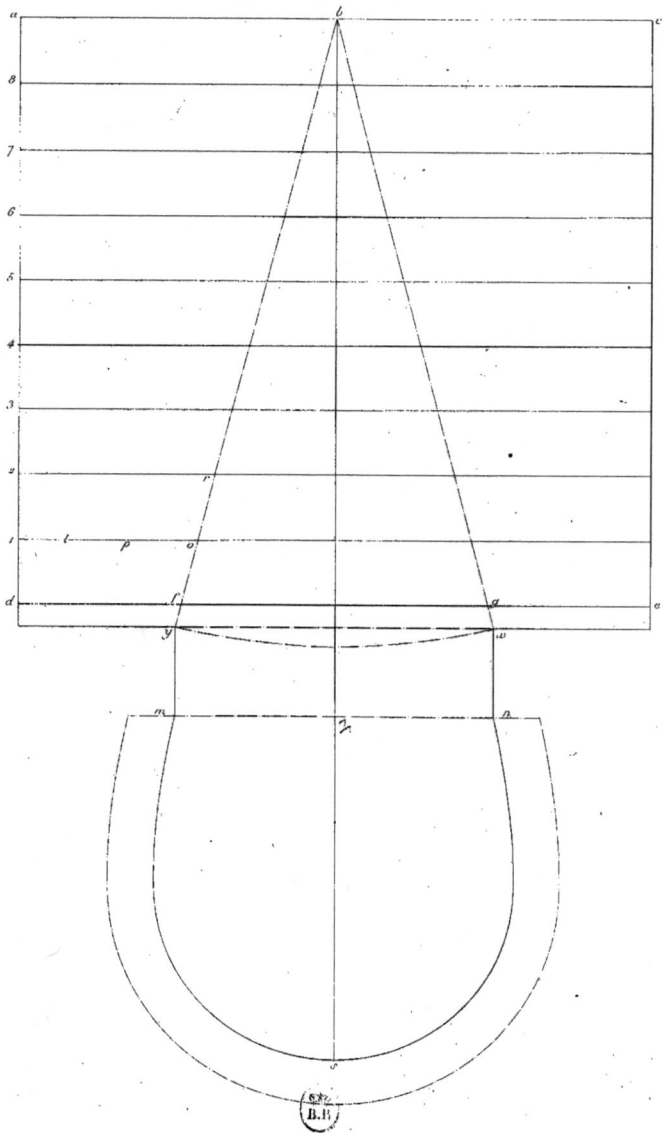

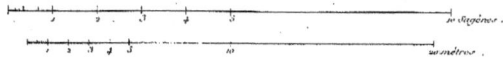

Dulos sculp.

Fig. 1.

Fig. 3.

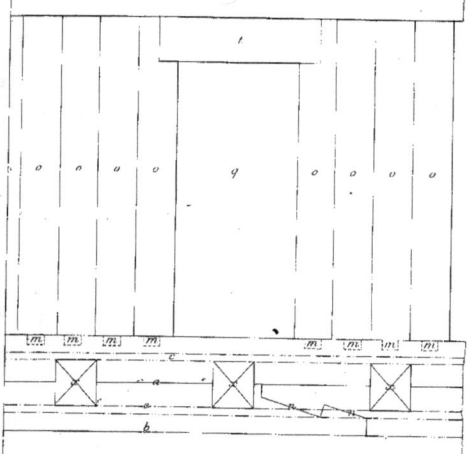

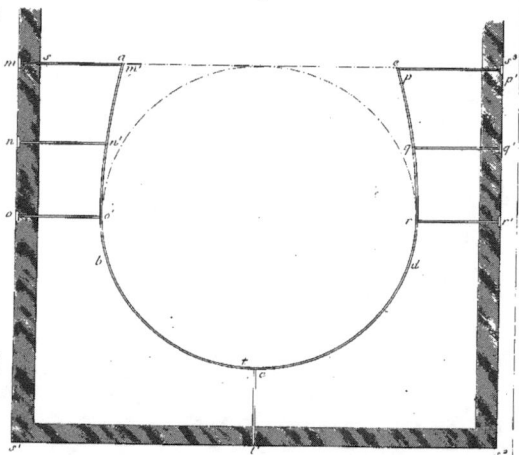

Fig. 2.

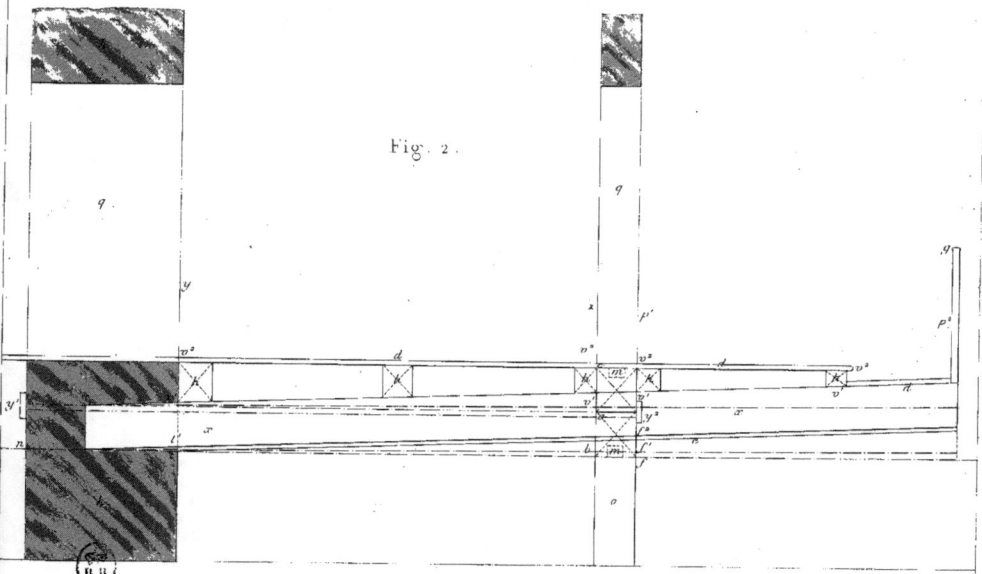

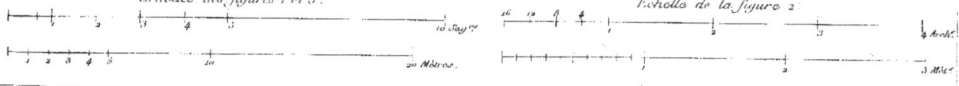

Echelles des figures 1 et 3.

Echelle de la figure 2.

Dulos sculp.

Pl. 9.

Fig. 2.

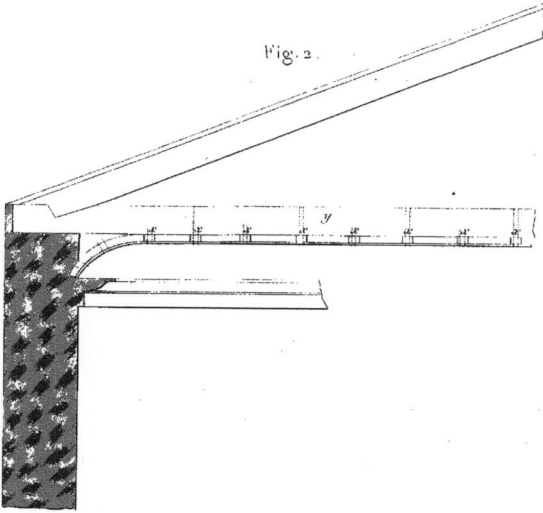

Fig. 1.

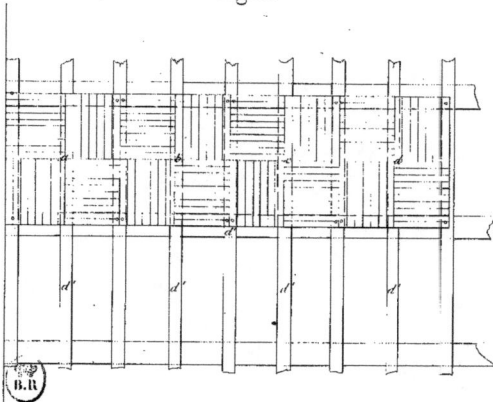

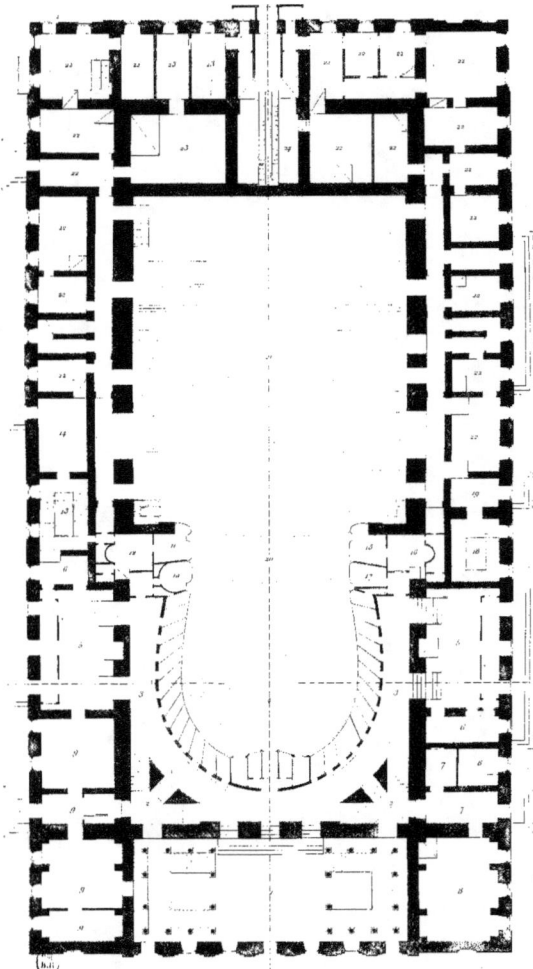

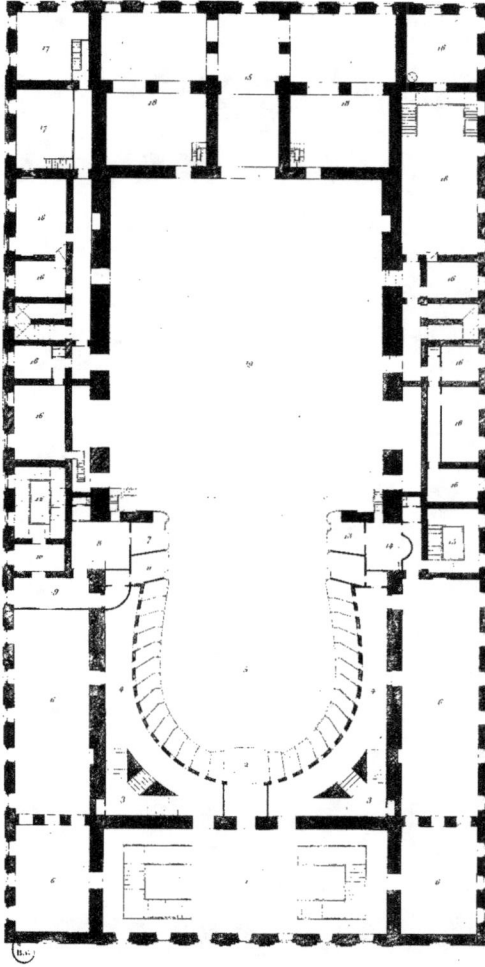

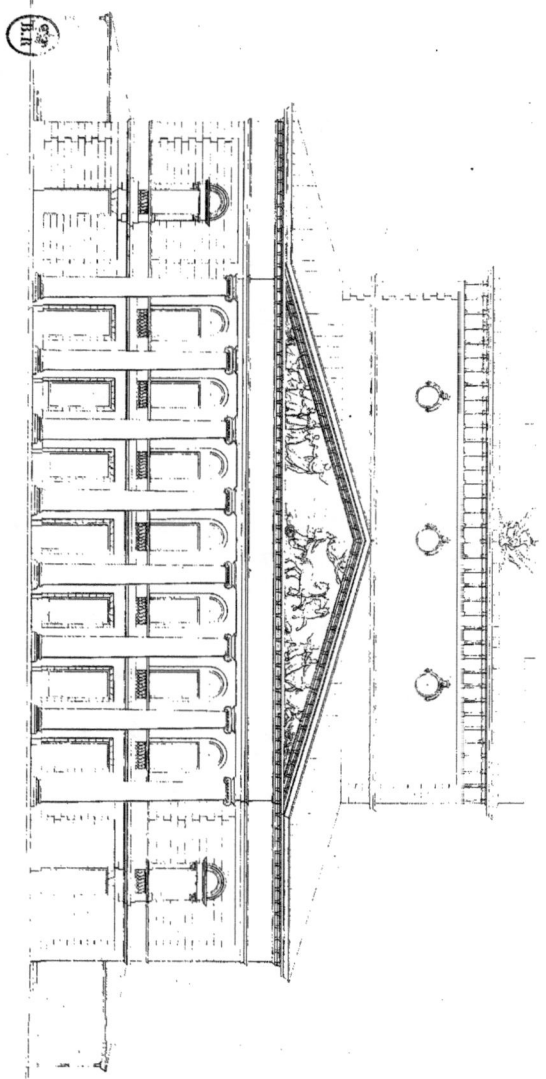

FAÇADE PRINCIPALE DU GRAND THÉÂTRE DE S.T PÉTERSBOURG.

PL. 12.

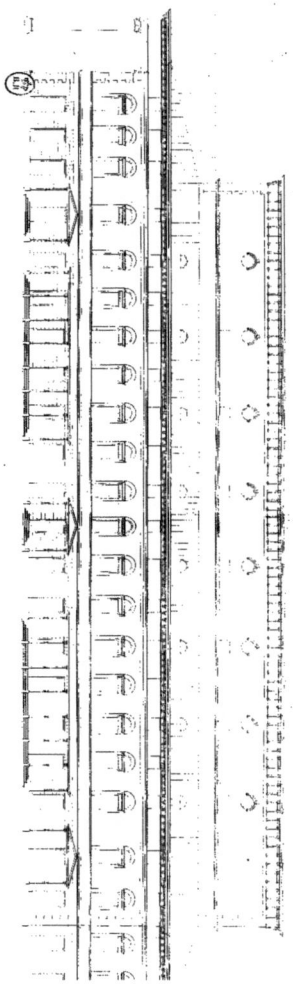

FAÇADE LATÉRALE DU GRAND THÉÂTRE DE St PÉTERSBOURG

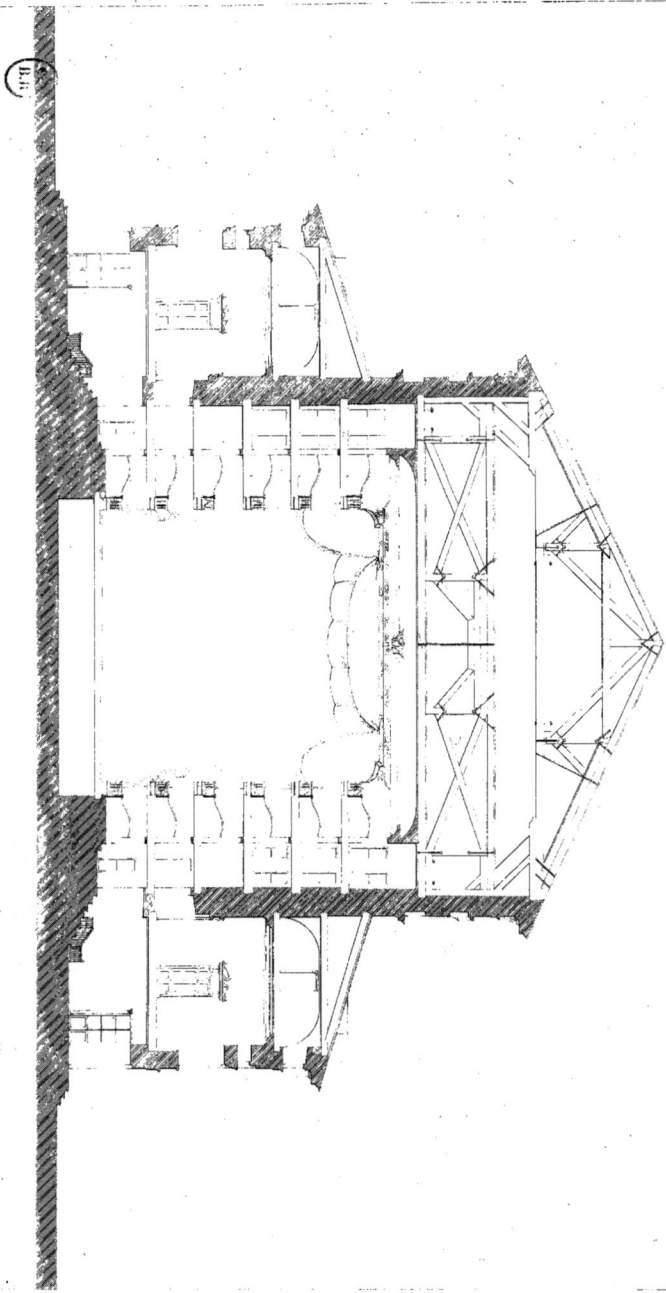

COUPE SUR LA LIGNE *a b* DU GRAND THÉÂTRE DE S.ᵗ PÉTERSBOURG.

B.ii

Dubois Sculp.

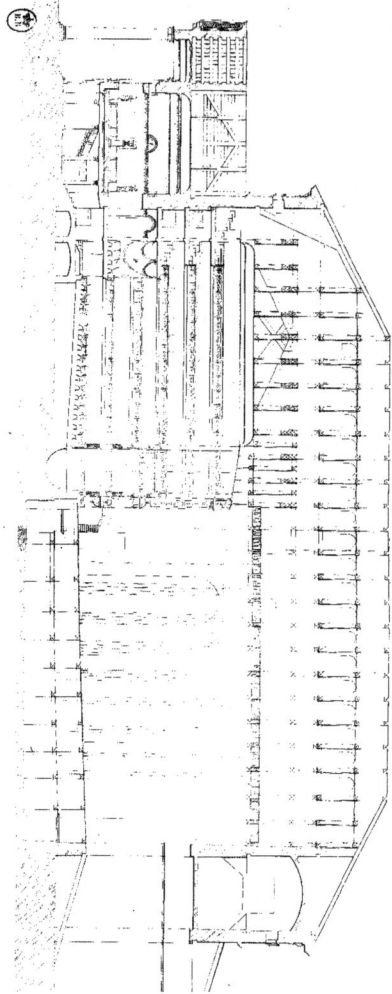

COUPE SUR LA LIGNE c d DU GRAND THÉÂTRE DE S.T PÉTERSBOURG.

Coupe du Calorifère.

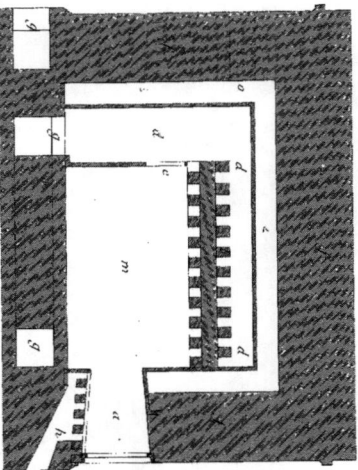

Plan du Calorifère.

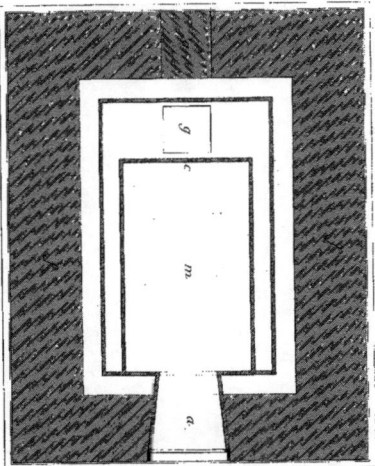

Coupe en long du plancher de la Salle du grand Théâtre de St Pétersbourg,
avec le levier qui sert à l'élever pour les bals masqués.

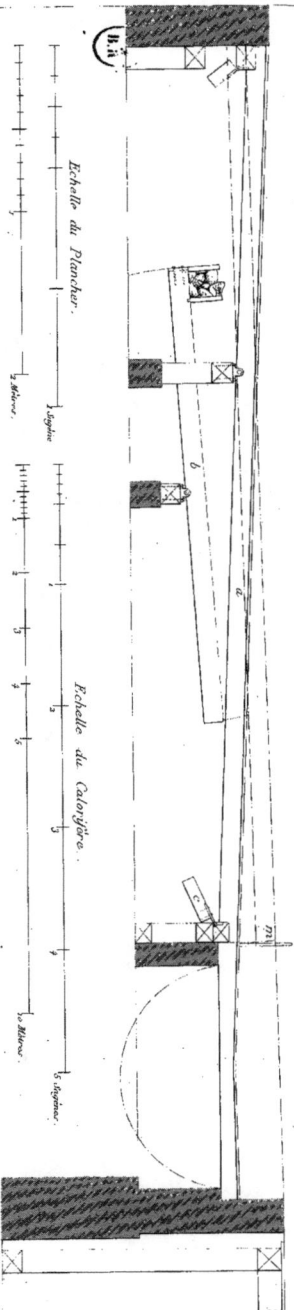

Echelle du Plancher.

Echelle du Calorifère.

Mètres.

Toises.

Dulos sculp.

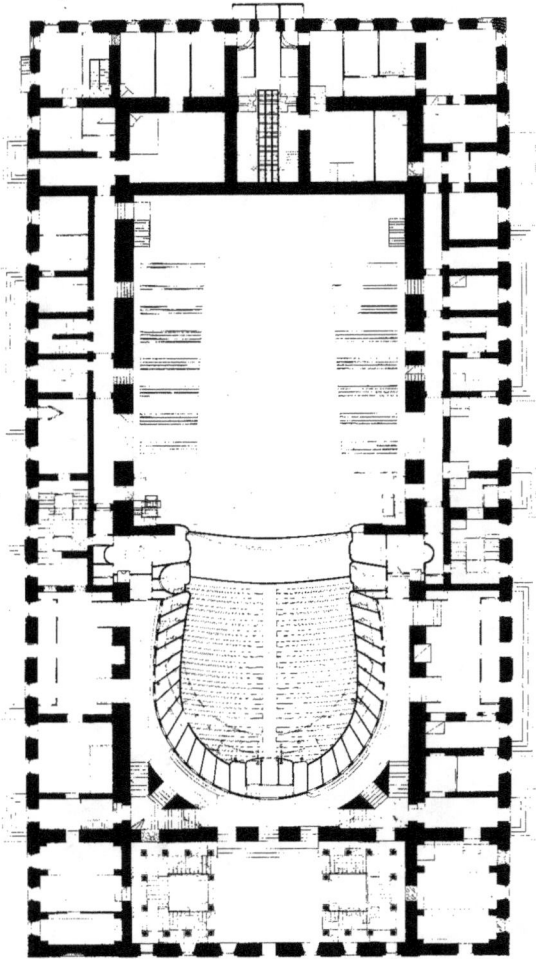

où est marquée la forme de la salle, avant sa restauration, en 1836.

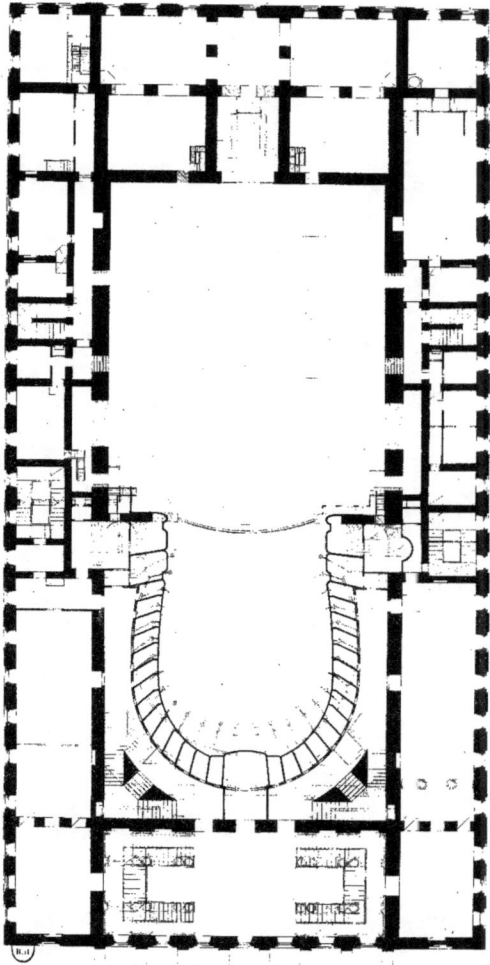

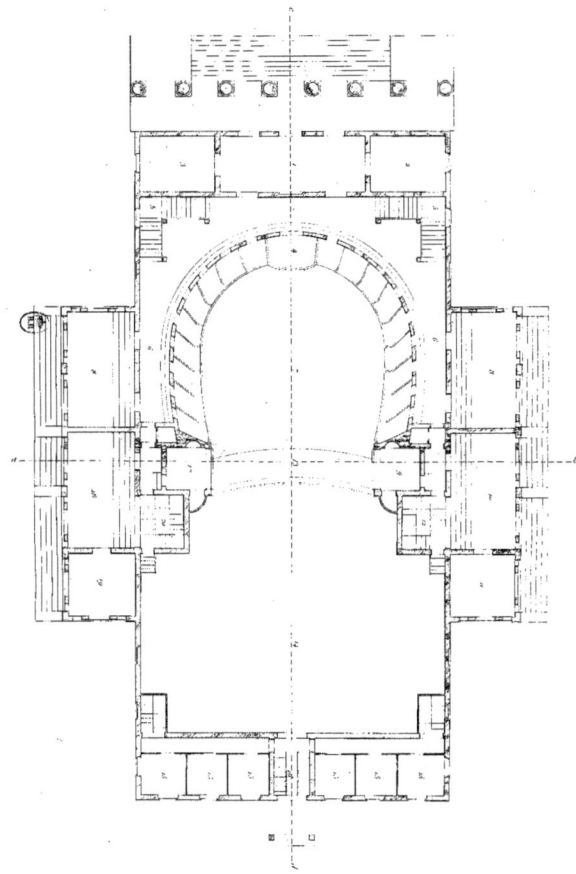

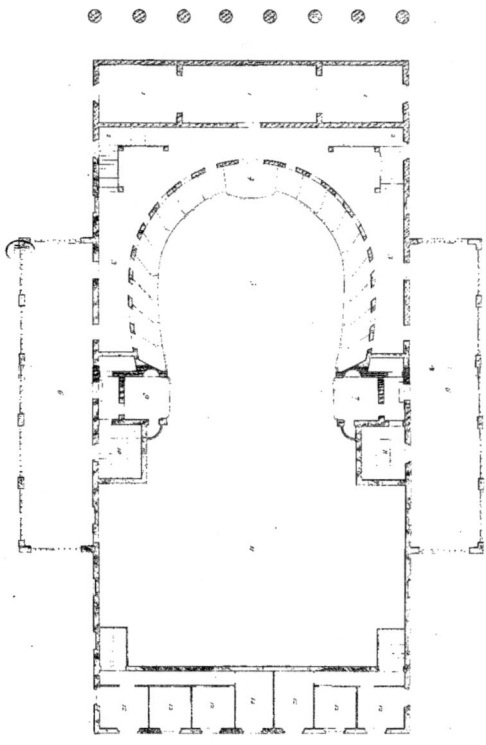

PLAN DU BEL-ÉTAGE DU THÉÂTRE DE KARLSRUH (ex-THÉR).

FAÇADE PRINCIPALE DU THÉATRE DE KAMÉNNOÏ OSTROW.

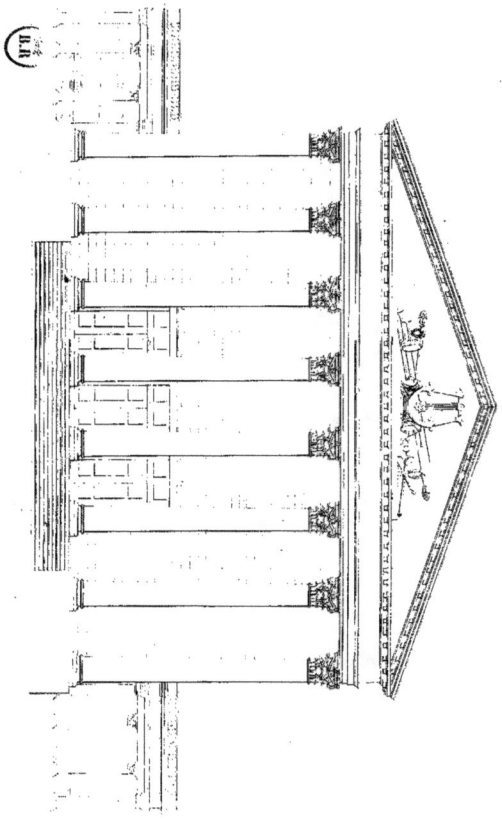

Dulos sculp.

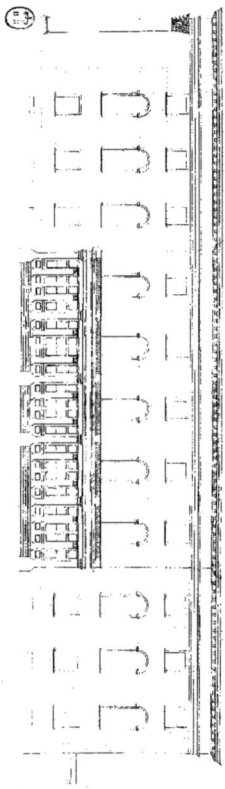

FAÇADE LATÉRALE DU THÉÂTRE DE KAMENNOÏ OSTROW

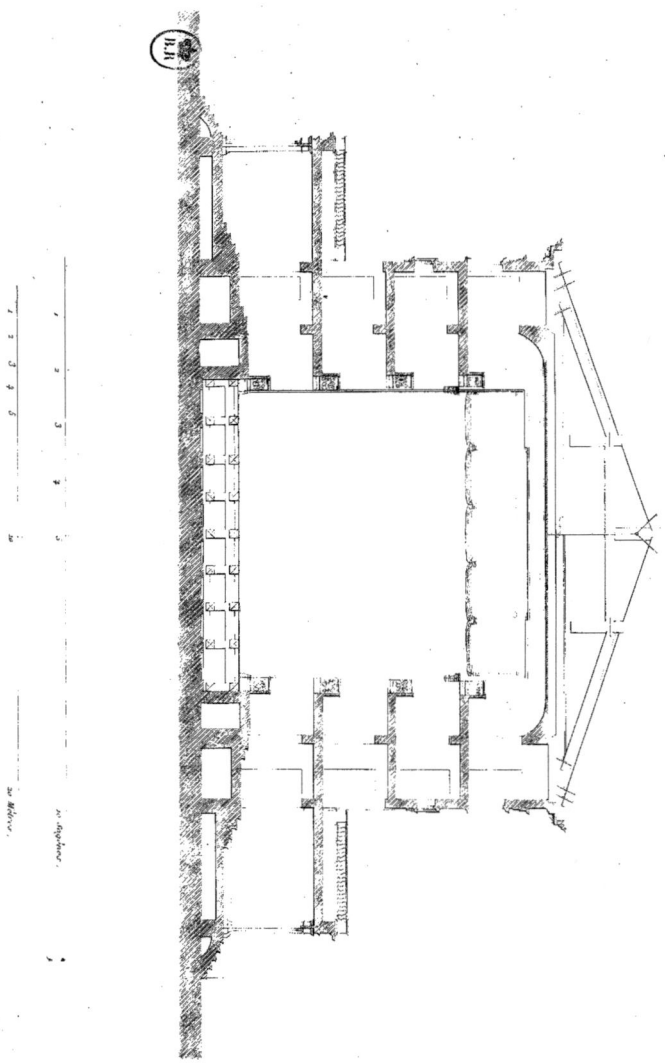

COUPE SUR LA LIGNE « 6 DU THÉÂTRE DE KAMÉNNOÏ OSTROW.

B.R

Dodou sculp.

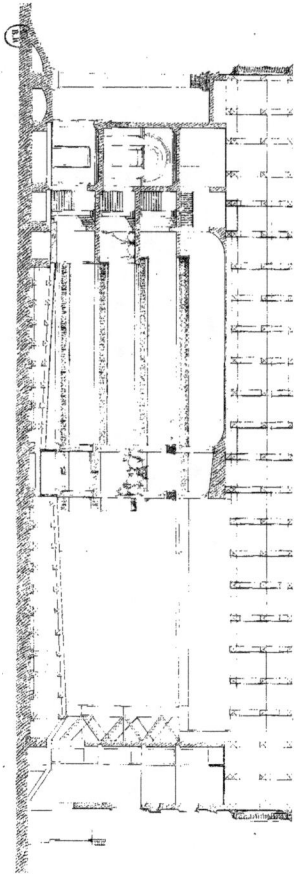

COUPE SUR LA LIGNE *c-d* DU THÉÂTRE DE KAM-KANGI OSTHOR.

Fig. 1.

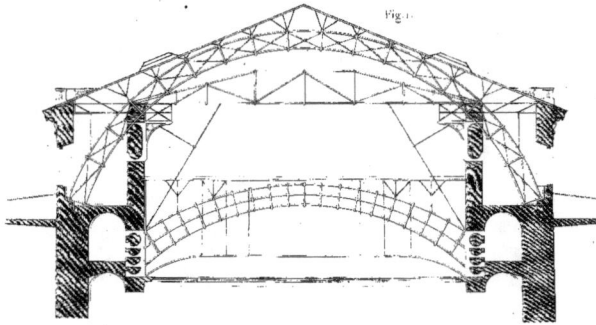

CHARPENTE EN FER SUR LA SCÈNE DU MÊME THÉÂTRE.

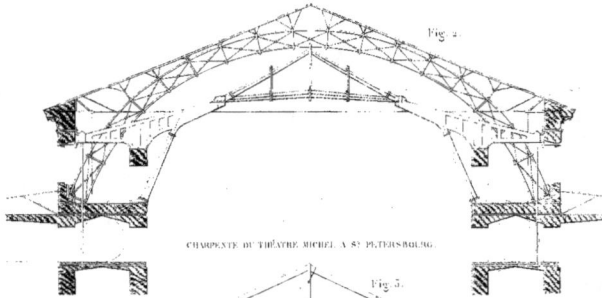

Fig. 2.

CHARPENTE DU THÉÂTRE MICHEL A S? PÉTERSBOURG.

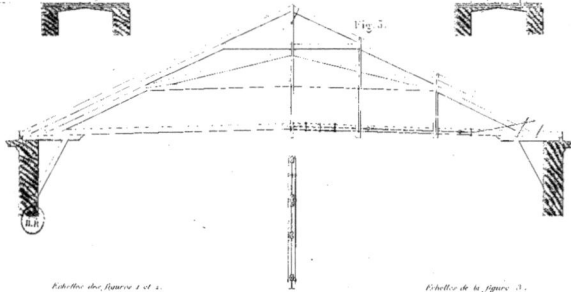

Fig. 3.

Échelles des figures 1 et 2.   *Échelle de la figure 3.*

www.ingramcontent.com/pod-product-compliance
Lightning Source LLC
LaVergne TN
LVHW022017080426
835513LV00009B/765